능수매화 연정

능수매화 연정

| 이명은 제2시집 |

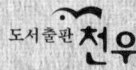

● 시인의 말

제2시집 『능수매화 연정』을 발간하면서

　해마다 사람의 마음을 흔들어 놓는 능수매화꽃을 볼 때마다 수양버들처럼 늘어진 겸손함과 아름다움에 반한다. 시원한 폭포수처럼 아래로 떨어지는 매화나무의 모습은 더욱더 절창이다. 이번 두 번째 시집에는 의미가 깊고 희비애락이 담긴 사연도 능수매화의 꽃말처럼 편마다 수록되어 있다. 능수매화가 전해 주는 미덕, 정절, 고귀, 결백, 충성심, 불굴의 정신, 우아하고 고혹적인 자태에 흠뻑 젖어 있을 때가 가장 행복하고 좋았다. 팔순을 훌쩍 넘어서고 보니 시를 쓰는 마음도 비우고 내려놓고 나니 숙성되어 가는 듯, 쓸쓸함보다는 내 인생을 대변하는 회고록 같은 작품집이라 더 소중하게 느껴진다.

　천상에서 꽃불 밝혀 주는 하늘의 별님 기도 덕분에 나에게 주어진 하루하루는 금쪽같은 시간의 연속이다. 교통사고 이후 후유증으로 병원 신세를 지면서도 명의 중 명의이신 인정 많은 주치의 선생님, 백의의 천사이신 간호과장님과 병원 관계자님들의 위로와 격려에 힘을 얻어서 엎드려 집필한 뜻깊은 작품이라 더 애착이 가고 뜨거운 눈물 바람도 듬뿍 쏟아부었다.

 애환 많았던 능수매화 연정, 시집 발간을 위하여 물심양면으로 도와주신 (주)천우미디어그룹 이사장님과 여러분들께 감사 인사 전하며, 다음 해에도 거뜬히 회복하여 살아 있다면 세 번째 시집 발간을 위하여 고군분투하겠습니다.
 독자님들의 사랑과 기도 부탁드리며 진심 담아 시인의 말을 씁니다.

겨울 초입에서
시인 **이명은**

제1부
능수매화 연정

● 시인의 말

능수매화 연정 1 ― 13
능수매화 연정 2 ― 14
가야산 동양의 알프스여 1 ― 15
가야산 동양의 알프스여 2 ― 16
고향 박꽃 ― 18
그리움 두고두고 ― 19
할미꽃 연정 ― 20
봄은 왔는데 ― 21
할미새와 할미꽃 ― 22
청둥오리와 왜가리 ― 23
구름이 가야산을 ― 24
엇갈린 길 ― 25
비비추 ― 26
봄도 병아리 까듯 ― 27
철없는 철쭉꽃 ― 28
두견화 ― 29
하얀 제비꽃 ― 30
봄비가 ― 31
가야산 매화꽃 ― 32
집 들 산 꽃 ― 33
가야산 진달래 ― 34
사랑초꽃 ― 35
선석사 뒷산 정상 ― 36

제2부
물에 뜬 마음 하나

황새 __ 39
찌륵새와 아기 새 __ 40
보랏빛 나비 한 쌍 __ 41
새들의 반상회 __ 42
까치의 시 낭송 __ 43
거미줄에 잠자리가 __ 44
거미는 시를 쓰고 __ 45
별뫼 산 노을이 __ 46
그날, 그 하늘 __ 47
세월아 강물아 __ 48
꽃밭인지 텃밭인지 __ 49
물에 뜬 마음 하나 __ 50
별님은 __ 51
나만의 텃밭 __ 52
초·보·그·달 __ 53
목화 꽃 고운 님 __ 54
불러도 물어도 울어도 __ 55
찔레꽃 핀 동해안 __ 56

때줄꽃 __ 57
층층이꽃 __ 58
산딸기 __ 59
방울토마토 __ 60

제3부
찔레꽃 무덤

봉숭아 물 들이듯 __ 63
태풍 링링 __ 64
긴 장맛비 __ 65
천둥 번개 벼락 __ 66
칠월이 준 행복 __ 67
어느 여름날 __ 68
여름의 끝자락 __ 69
왕십리 전철역 __ 70
터엉 빈 성주 __ 71
성주댐 둘레길 __ 72
안개비 내리는 성주댐 __ 73
청암사 그 길엔 __ 74
대황산 자락에 __ 75
무흘계곡 사인암 __ 76
강정보 __ 77
백운동 가야산으로 __ 78
비밀번호 __ 80
말고 외손자 동준 __ 81
댓돌 위 신발들 __ 82
경자 그년 __ 83
북경에서 __ 84
장독대 정화수 __ 85
머슴과 호야불 __ 86
찔레꽃 무덤 __ 88

제4부

나 홀로 당신이 되어

고개 숙인 수국 — 91
성밖숲에서 — 92
할머니의 까치밥 — 93
두견새 엽서 — 94
일곱 송이 꽃 상사화 — 95
재두루미 한 쌍 — 96
엄마 손 거북이 등 — 97
나 홀로 당신이 되어 — 98
황혼에 선 노을 — 99
낙엽이 손님 되어 — 100
바람아 구름아 — 101
단풍아 낙엽아 — 102
한강에 노을이 풍덩 — 103
자작나무 숲길 — 104
구절향 — 105
이 가을 쓸어안고 — 106
적막강산 — 107
잿빛 구름은 — 108
춘하추동 — 109
별만 세며 하늘만 — 110
겨울 한파 — 111
함박눈은 — 112

제5부

걸어온 세월이여

황금 관음죽 __ 115
걸어온 세월이여 __ 116
석양 길 황혼길 __ 117
머나먼 추억의 옛길 __ 118
한세상 살이 __ 120
노을빛 __ 122
미미강 연가 __ 123
조각달은 __ 124
달빛은 나를 흔들고 __ 125
친구야, 친구야 __ 126
아득한 지평선 __ 128
수도암 __ 129
가는 세월 오는 세월 __ 130
산소 가는 길 __ 131
훌훌 벗은 겨울나무 __ 132
나를 빛내준 문학세계 __ 133
원장님은 내 스승님 __ 134
행복한 간병 __ 135
화려한 외출 __ 136
하늘 이불 __ 138
잃어버린 내 노래 __ 140
고운 햇살이 명약 __ 141
천길만길 벼랑 끝에 서서 __ 142

제1부
능수매화 연정

| 제21회 문학세계문학상 시 대상 수상작 |

능수매화 연정 1

하늘 여행 떠난 사람
목 빼어 기다려도
산세 높은 가야산 넘어
두 번 다시 돌아오지 못했다

하늘비가 내려오던 날
해마다 피고 지는 능수매화
눈물방울 머금은 잔향에
산새 들새 풀새 울었다

생로병사 희로애락
한세상 살면서
회자정리 피하지 못하여
못내 그리던 꿈의 대화
이토록 주고받지 못했다

내 마음속에 살아남아
끊어지지 않은 그 호흡으로
풀잎을 맴도는 애틋한 소망에
몸도 마음도 하나 되어 울었다

능수매화 연정 2

그 높은 산자락 어귀에
능수매화 꽃망울이
눈물만 머금고 대롱대롱
아무리 기다려도 볼 수 없는
두고 간 능수매화야 임자 잃은

이제는 하늘이 관리하고
구름이 왔다 갔다 안아 주고
바람이 흔들어 어루만지고
하늘비가 알맞게 내려 주어
산새 노랫소리 들으며 꽃 핀다오

한세상 산다고 살았건만
기나긴 그 세월은 울다가 웃다가
보내고 맞이한 것은 늙은 세월
이제는 시간이 없네 못내 그린
능수매화는 후년에도 피겠지…

| 제20회 세계문학상 작사 본상 수상작 |

가야산 동양의 알프스여 1

산 넘어 산이요 물 건너 물이건만
그 세월 넘어서는 사람 없네
해인사 풍경 소리 백운동 계곡 물소리
천 리 길 굽이쳐 흘러가네
아——— 산아 산아 가야산아
동양의 알프스여 그리운 내 고향 산천
눈을 감고 눈을 뜨고 있어도
그리운 맘 영원히 간직하리라

심산테마 매화동산 백 년 꿈
너를 품은 한 많은 낙동강아
언제 다시 만나리 그 시절 그 물줄기
그 물 굽이쳐 흘러가네
아——— 산아 산아 가야산아
꽃피우지 못했던 백운동 엘레지여
낙동강이 말하네 다 흘려보내라고
그리운 맘 영원히 간직하리라

가야산 동양의 알프스여 2

가야산의 수려한 산세 더더욱
아름답게 만들려고 수없는 해를
꿈꾸었던 그곳 무산되면서
가슴에 응어리만 남아 한 세월
준비했던 꿈 접으며 허망함을

멋과 아름다움을 시원한 산에
그곳에다 골프장을 멋지게 만들고
매화공원도 조성하고 커피나무도 심고
보리수나무도 자락 자락을 엮으며
오랜 세월에 계획이 다 틀어져

꿈도 컸었고 실망도 허무하게
해인사와 타군 반대의 소리가 커
커피숍 주인은 명이라고 했는데
동양의 알프스를 이루지 못한 꿈
법사님의 접은 꿈 일산호수공원 용궁도

매화 꽃나무 삼천오백 점은
둘 곳도 갈 곳도 보낼 곳도 없던 차
심산테마공원 조성에 기증하기로
백운동 계곡물은 통곡하며 흘러가
구름도 바람도 넘지 못한 가야산을…

| 제19회 문학세계문학상 시 본상 수상작 |

고향 박꽃

옛날엔
어느 집에도 박을 심어
바가지 만들어 썼지요

아침엔
하얀 박꽃 피어 온종일
해 질 무렵 지고 마는 청순한 박꽃

저녁엔
고추잠자리에 앉았다 날고
가을 하늘 덧없이 흘러가고

그 밤엔
잃어버린 옛날 야윈 창살 사이
박잎으로 장떡 굽던 어머니

고향엔
아직도 박꽃 피고 지려나
초가지붕 없어진 지 오래일세

하늘엔 어둠 내리면 별 무리 하나둘
그리운 편지처럼 별똥별 떨어지네

| 제18회 문학세계문학상 시 본상 수상작

그리움 두고두고

저 세월 앞에 가고 오는 하얀 그리움
한세상 아무리 부여잡으려 해도
아등바등 살아온 발자취만 서럽더라
달아나는 저 세월 앞에 선 바람

꽃 같은 이내 청춘 외면한 채
흘러 흘러가는 무심의 강물이여
다가서는 그림자 부여잡지 못하고
하늘바라기로 지켜온 그대 향한 그리움

켜켜이 묻어두었던 마음 한 자락
백 년을 움켜쥔 사람아 사랑아
아무도 몰래 세세연연 기다려왔건만
젖은 사연 그 누가 알리요
산새 소리만 접동접동 님 소식 전하네

| 「하늘비 산방」 선정작 |

할미꽃 연정

고개 숙인 꽃들이 봄이 왔다고
햇살을 반기며 옹기종기 모여
가슴속에 숨긴 비밀 털어놓고
꽃술은 꽃술대로 꽃잎은 꽃잎대로
녹슨 물레방아의 연정을 읊조리며

그리움 따라 하얗게 지새운 밤
안겨 온 설렘 애틋한 고요 안에
별만큼이나 예쁜 많은 사연들
한세상 안고만 가라 하네 기어이
그 고갯길 바람 맞고 긴 목 빼고

꿈은 꿈이었지만 오롯한 그 꿈을
지워 버리기 수없이 했었지만
더 또렷이 남는 것은 놓을 수 없는
숨겨둔 그 이름에 얽은 내 사연아
노을빛 석양 길에 할미꽃 연정을

| 『하늘비 산방』 선정작 |

봄은 왔는데

산수유 목련 진달래 활짝 웃고 있는데
봄 마중 갈 수 없으니 이 기막힌 세월
작은 내 뜨락 꽃밭에도 새싹들이

하늘에 찌륵새가 와 찌륵찌륵
봄은 왔는데 왜 이러고 있느냐고
비 그친 뒤라 더욱더 파릇파릇

봄볕에 고요로움이 눈웃음치고
옛날 토담 밑에 노란 병아리 떼
뒤뚱뒤뚱 엄마 닭 따라 바쁘기만

그놈의 괴질병 때문에 눈치 보다
올봄 놓치겠네 아지랑이 졸고 있는
하늘가로 내 마음 몰고 나가 봐야겠네

| 『하늘비 산방』 선정작 |

할미새와 할미꽃

기암절벽에 둥지를 틀어 알 낳아
가족 돌보는 할미새 곁에 할미꽃
꽃 피면 보송보송 솜털 날려 보내려고
둥지로 보내주고 바람으로 다가가고

할미새와 애틋한 할미꽃이여
서로를 애지중지 감싸주며
이 절절한 사연이 애달파서
저 강도 구름도 하늘도 울먹이고

할미새 새끼 보살피랴 꼬부라진
할미꽃 허리 펴게 흘린 눈물이
훌씨 날려 보낼 때쯤 곧추세운 허리
할미새와 할미꽃의 애달픈 사랑아

| 『하늘비 산방』 선정작 |

청둥오리와 왜가리

흰 구름 따라 하염없이 걸어온 곳이
성밖숲* 둘레길 왕버들 앙상한 가지
이천 물결 잔잔히 은빛 송사리
노닐고 있는 청둥오리 떼 곁으로 왜가리

같이 놀아 보겠다고 다가갔지만 오리 떼는
자리를 옮기고 또 따라가 보았지만
다시 더 멀리 달아난 오리 떼
몇 번이고 수없이 쫓아갔지만 외면당하고

왜가리는 얼마나 외로웠으면 저리도
홀로 걷고 있는 나와 같아 짠하기만
외로움이 얼마나 슬픈 건지를
왜가리 외마디 소리 붉은 노을에 젖어

*성밖숲 : 경북 성주군 성주읍성 서문 밖에 조성된 숲 유원지로,
 아름드리 왕버들 나무들이 자라고 있다.

| 『한국을 빛낸 문인』 선정작 |

구름이 가야산을

옥화리 오현제에서
바라보니 가야산이 없다
구름이 다 먹어 버렸다

낙동강은 안개가
다 먹어치우고
둑엔 달개비 달맞이꽃만이

가야산은 구름이 먹고
낙동강은 안개가 먹고
구름 안개 고운 햇살 떠밀려…!

| 『한국을 빛낸 문인』 선정작 |

엇갈린 길

눈에서 멀어진 그날들
가슴에 묻고 한세상을
아리고 저린 가슴을 태우며
가고 또 가고 만날 길 없는데

다 살고 이제 와서 잊은 적 없다 하네
이름하여 첫사랑이었다 하네
흘린 눈물은 얼마였는가
엇갈린 길 찾아 헤맸던 먼 먼 길

재가 된 가슴 가슴에
정 하나 그리며 뒷걸음 친
고개 떨군 할미꽃 연가여
한 세월 다 간 뒤 적시는 하얀 마음을…

| 『한국을 빛낸 문인』 선정작 |

비비추

독용산성 중턱 산골짝
저 하늘에 은하수 이슬 머금고
가파른 바위틈 산등성이에
척박한 벼랑 끝을 지키며
아래로 성주댐 물 그리워
내려다보며 목을 적시고
옛날 사람들은 지부라 했고
그리고 산 옥잠화라고도
큰 사전엔 비비추라고
산 너머 또 더 너머에도 찾아
헤맸던 날에 꽃이 피어
홍자색과 흰 꽃으로 등잔불처럼
해와 달 별 은하수 벗 삼아
연초록 잎 비비추 구수함을
잊을 수 없어 산골짝을 찾아
헤맸던 날 시냇물이 흘러가듯
아쉬움만 남긴
올봄의 여울목에서…

봄도 병아리 까듯

까르르 맛있게 웃는 소리에
바깥을 내다보니 여기저기
화분에 할미꽃 개나리꽃
여러 꽃잎들이 햇볕에 눈이 부셔

서로 앞다투며 노란 잎새들
뾰족뾰족 아직도 먼 산 잔설이 있는데
성급한 새순들 다칠까 걱정스럽다
봄도 병아리 까듯 톡톡 튀는구나

아픈 몸 끌고 억지로 걷는 걸음
이 봄을 다시 맞았다는 게 어디냐
친구들은 들려오는 소리라곤
하늘나라로 갔다는 소식만 전해 오네

잠시라도 해묵은 시름 다 털고
산새 들새 풀새들 노랫소리 어깨춤
참새들의 재잘거림 새봄이 내 곁에
세월은 강물처럼 흐르고 성큼 온 봄

철없는 철쭉꽃

선석사 돌담 축대에 때 늦은
철쭉꽃잎 바들바들 떨고 있네
어쩌자고 초겨울에 꽃 피었나
웃지도 못하고 울지도 못하고

철 잃어버린 꽃 어딜 헤매다가
봄보다 더 진한 색으로 아름다워
노을빛에 물들어서 훌쩍훌쩍
봄이면 어떻고 겨울이면 어떠리

법당엔 법문소리 서른세 번 범종소리
구름은 시도 때도 모르는 철모른 꽃이래
바람은 춘삼월 놓친 바람둥이라고
철없는 철쭉꽃 산사에 긴 그림자만

두견화

봄밤 두견화 핀 언덕
지새는 밤 달은 지고 있는데

숨어 버린 새벽별
하얗게 밤을 지샌 구름도
멀리 흘러가고

아련한 추억에 매달려
두견새 울어줄 날 기다리는
하얀 봄밤

두견화 핀 언덕
언제쯤 두견새 울까

하얀 제비꽃

어느 결에 내 집 화분에 와
단체로 하얀 꽃들 피어
뽑아 버리려다 둔 제비꽃
야생화 꽃이 앙증맞게
이름 있는 꽃보다 더 예쁘게

하얀 제비꽃 화분에 피어
쓰담쓰담 해 주고 사랑 주니
오래오래 피어 올봄 내내
그릇에 따라 얼마나 돋보이는지
제비들도 전깃줄에 앉아 보네

들꽃이라고 길에서 밟히기만
귀하게 생각하고 다독여 주니
더 귀하고 예쁜 꽃으로 피어
너와의 고운 사랑 등불처럼
하얀 제비꽃 주고받은 고운 마음

봄비가

겨울 가뭄이 심했는데
이월 마지막 날 봄비가
내리고 있어 얼마나 반가웠는지

고택 담장 너머에
매화꽃 망울망울 맺혀
지독히 추웠던 겨울을 밀쳐내고 있네

훈풍이 불어오는 남녘 바람
저 바람 속에 온 산진달래꽃
봄이 오고 있는 길목에서 잔설은 아직도

가야산 매화꽃

아직도 잔설이 쌓인 가야산
저 깊은 계곡 얼음장 밑으로
졸졸 흐르는 물소리 바람 소리
어디쯤에 매화꽃 한 송이 피어
있을 것은 저 너머 거기에

그리움 외로움 서러움이
눈물겨 내리는 봄날에는
매화나무 가지 끝 꽃봉오리
밤마다 그 차가운 무서리는 얼마나
맞았을꼬 남녘 바람 맞이하려고

산새들의 노랫소리 장단 맞추어
기지개 켜며 한 잎 두 잎 까치발하고
가야산 매화꽃 겨울이 끝나가는
저 길 끝에는 양지바른 계곡 어디쯤
그리움이 한가득 찬 매화꽃 피겠지

집 들 산 꽃

온갖 꽃들이 서로 피고 지고
집안을 온통 꽃 천지로
삿갓쟁이도 십 년 만에 꽃이 피어
모두의 시선을 한 몸에 받아
수국은 꽃봉오리가 커 걱정 중
고개 못 들까 봐 기슭 꽃까지

들꽃들은 아무도 돌봐주지 않아도
이름도 성도 모르는 꽃들의 잔치
가뭄이 심해도 이슬 받아먹고
살아가는 들꽃들 더더욱 당당히
밟히면서도 꿋꿋이 저들의 축제
그 꽃향기 멀리멀리 향기롭네

산꽃 들고 집꽃 들꽃에 질세라
피고 지면서 열매까지 영글고
밤꽃 향기는 맡기 힘들지만
가을이 되면 토실토실 알밤으로
산꽃들의 향연에 울긋불긋 별꽃
산새들의 안식처 노래 구성지네

가야산 진달래

붉게 붉게 활활 타는 맘
뉘라서 알랴마는
가야산 진달래 불 질러 놓은 듯

양과 나는 그 속에서 헤어나지
못하고 그냥 연신 감탄만
너무나도 고와서 울고 싶어져

꽃잎 한 잎 두 잎 따 먹으면서
진달래 내 아픈 마음 달래며
불 질러 놓은 산 밥티 주워 먹네

영변 약산 진달래는 저리 가라네
구름은 흐르고 흘러가고
바람도 쉬어 넘는 가야산 기슭

저녁노을이 서녘 하늘을 물들이고
새들도 노랫소리 접고 있는데
잔별들이 빨리 가라 등을 떠미네…

사랑초꽃

클로버 두 배 정도 크기 잎으로
가냘픈 줄기에 연보라색 꽃잎
시들었다가 아침이 오면 다시 깨어나
예쁜 꽃으로 하루 내내 피어 준 꽃
그 이름 사랑초꽃이라네요

물밖에 준 게 없는데 어쩌면
실바람에 흔들리는 여린 그 모습
그리움에 목멘 한 맺힌 사랑초
그렇게 핀 세월이 흘러 넉 달째
사랑초 너 보며 올봄을 보냈구나

해가 뜨면 방긋 웃으며 나와 종일
그 여린 줄기와 잎 별빛이 내리면
할 말이 없다고 입을 다문 채로
올봄에 차 사고로 거동 불편해
사랑초꽃에 위로받고 박수받으며

선석사 뒷산 정상

마음 다져 먹고
선석사 뒷산 완주하겠다고
세 친구가 길을 나섰다
불광교를 건너 가쁜 숨 몰아쉬며
산을 오르다가 양이 벌떡 누워
한참 만에야 일어나 못 가겠다고
산을 내려오고야 말았다
사흘 뒤 다시 도전
산행 길을 바꾸어
거꾸로 오르기로 했다
정상이 저긴데 또 못 간다고
뒤돌아 가겠다고 해 머뭇거리다
가던 길을 재촉해 바로 눈앞에
정상이 펼쳐져 괴암 괴석
깎아지던 절벽 반대쪽
약목 구미 왜관 낙동강 푸른 물결
경치가 너무 좋아 포기하지 않은 것이
다행이라고 자화자찬하면서
새소리, 바람 소리, 물소리
찬란한 이 봄날의 꿈 뜰에서

제2부

물에 뜬 마음 하나

황새

모심기 끝나고 따스해지면
메뚜기 방아깨비 잘도 날지요
고둥은 저 간 길 따라 숨지만

황새는 그 길을 따라
잘도 낚아채지요
나 잡아 봐라 해도 소용없네

황새는 늘 혼자, 짝은 어디 두고
많이 먹으려고 혼자 다닐까
찍소리도 못하고 잡아먹힌 고둥

먹고 먹히면서 다들 그렇게
사는 게 세상이라지만
혼자인 게 딱해서 해 본 소리
초록 들판 목다리 긴 황새야

찌륵새와 아기 새

고양이가 물고 들어온 아기 새는
찍찍 죽겠다고 소리 지르는데
얼른 쫓아가 아기 새 빼앗아 살펴보니
많이 다치지 않아 다행이네

엄마 새 전깃줄에 앉아 찌륵 찌르륵
아기 새 걱정에 울어 대고
아직 노란 입술 하고 엄마 따라
나는 연습 시키다가

혼쭐이 난 엄마와 아기 새
아기 새 지붕 위라도 올려 주려고
있는 힘 다해 높이 던져 주었더니
날개 훨훨 저으며
엄마 따라 하늘로 날아가네

며칠 뒤 엄마 새, 아기 새
전깃줄에 나란히 앉아
찌륵 찌르르 고맙다고 인사하네
아기 새, 엄마 새 오래 오래 행복했으면

보랏빛 나비 한 쌍

산잔대꽃이 초롱처럼
꽃 피어 조롱조롱 등불 밝히고
가을을 서성이고 있는데
보랏빛 나비 한 쌍
노랑 빨강 흰 꽃엔
갈 줄 모르고 잔대꽃에만
가을 햇볕 마음껏 쬐며
진한 사랑을 나누고 있는데
어디서 고추잠자리 한 쌍
날아와 훼방을 놓고 가네
꽃향기 가득한 가을바람
스치고 지나가고
겨울이 오기 전 오래오래
머물러 엉겨진 그리움으로
돌고 돌아 헤매던 여정 길…

새들의 반상회

선새벽 세 시 참새들의 짹짹 지저귐
전깃줄에 모여 앉아 조잘조잘
해 뜨걸랑 흩어지지 말고 조심
엄마 아빠 잘 따라서 날라고
가까운 할매 집 마당에 모이 쪼아요

참새들 떠나고 제비들의 소리
구 월 구 일 강남으로 가려면
새끼들의 비행을 열심히 돕자고
날고 또 날아야 물 찬 제비가 되어
새끼들이 훈련이 고되다고 넋두리하네

제비 떠나고 까치들이 왁자지껄
새끼들 보고 절대 멀리 가지 말라고
통하지 않는 노래인지 밀어인지
두 발로 뛰고 날아 보고 다 힘들다고
새들의 반상회 엄마 품 못 잊어 깡충

까치의 시 낭송

까치 한 쌍
까악 까악 시 낭송한다
내 집 전깃줄에 앉아서
아마도 내가 쓴 시 읽나 보다

참새들은 몰려와서 짹 짹 짹 흉내 내고
처마 밑 빨랫줄에 앉아
온 집안이 시로 가득 찬다

귀뚜라미
원래 주인은 나요 나 내 집이요
목청 돋워 소리소리 합창
넘치는 목소리로 종일 낭송하네

까치 한 쌍
오늘도 찾아와 반갑게
대문에 저만치 앉아 있네
오늘도 내가 쓴 시 낭송하러 왔나 보다

거미줄에 잠자리가

거미줄에 매달린 잠자리를
잽싸게 거미는 칭칭 감고
날개가 얼마나 무거웠나 꼼짝 못 하고
장마가 오래가니 힘들었나

하마터면 큰일 날 뻔한 잠자리
거미줄 풀어 주고 날개 닦아서
전깃줄에 머리를 요리조리 갸우뚱
비가 멎으니 훨 훨 훨 높이 높이

거미는 아쉽다는 듯 거미 망을
서성이며 상처 난 집 다독이고
아차 하는 순간 놓친 먹이
잠자리는 숲으로 가 하늘을 날고

거미는 시를 쓰고

아침저녁으로 나와
엉덩이로 시를 쓰고 있네
가을이 와 많이 시원해졌다고
온 집 처마 끝에 써 놓은 시
아무도 읽을 줄 모르네

한낮엔 어디 숨었는지
아침에 나와 무어라 쓰고
종일 연구하다가 해 질 무렵
멋있는 엉덩이로 시를 쓰려고

영어도 아니고 한글도 아니고
허공에다 이렇게 예쁘게도
나만 읽을 줄 아는 거미의 시
엉덩이로 쓴 글이 더 아름답다네
거미가 시를 쓰면 나는 신나게 낭송한다네

별뫼 산 노을이

성주고 한 바퀴 돌아서 커피 한 잔
미미 냇강 농고길 방천 따라 언덕 너머
미미 동네길 개화동 길 과수원 길
웃상삼 옛집은 마을 회관으로
감나무만 홀로서 까치만 왔다 가고

가야산 포천계곡 굽이 돌아 아진촌
산삐알에 이쪽저쪽 집들 몇 집
그 곳이 가고 싶다던 빈집 빈터
산새들이 구슬피 울어 주어 위로받고
뒤로는 가야산 굽어보고 슬퍼하네

연하리 황토길 따라 남쪽 산
어설프게 쓴 글 펼쳐 놓고
꿈속에 건네준 할미꽃 그 자리 두고
낙동간 건너 다람재 별뫼 산 노을
다시 하늘에 별이 되었다고

그날, 그 하늘

가야산 저쪽에 노을도 누워 버린
어둠이 어수럭 내리고 있는 저녁
철새들 무리들은 서둘러서
제 집으로 날아서 가고 있는데
뒤늦게 따르는 한 마리 새

날개는 지쳐 있어 쫓아가지 못해
허우적이는 모습이 안쓰러워
가는 길은 아는지 모르는지
앞서간 무리들은 보이지 않고
혼자 두고 가면 어쩌노 같이 가지

엄마 아빠 새는 어디 가고
그냥 궁금하구나 친구를 찾았는지
잘 찾아갔다고 전해주면 하고
어둠 내려앉은 그날에 그 하늘이
멍하니 바라보이는 것은 무슨 일인고

세월아 강물아

작은 꽃밭에 꽃들이 앞다투어
피고 지더니 벌 나비 떼춤
흰 구름들은 하늘 궁전 만들어
놓고 세월이랑 살아 보자 하네

푸르디푸른 저 산들은 깊은 계곡
만들어 아름드리나무들
물길 만들고 노을 빛깔 아름답게
그려 강물이랑 같이 가 보자 하네

밖에 서 있는 세월 가슴에 쟁여
숲으로 돌아간 바람은 구름 속에
종점을 바로 앞에 두고 헤매고 있네
세월아, 강물아, 천천히 가려므나

꽃밭인지 텃밭인지

마당 가운데 자그마한 텃밭
예쁜 꽃들이 철 따라 피는 꽃밭
어느 것이 맞는지 우엉잎 호박잎

어제는 비가 종일 내려 토란잎이
저울질을 이쪽으로 비웠다가
저쪽으로 비우며 욕심 내려놓고

오늘은 햇빛 쨍쨍 바람 부는 대로
일렁이며 성큼성큼 자라며 꽃 피우고
구름은 가끔 와 시원한 궁전 만들고

새들도 나비도 벌도 꽃 찾아와
놀다가 저녁노을 짙어지면 제 갈 길로
꽃밭인지 텃밭인지 영그는 초록 밭

물에 뜬 마음 하나

동으로 흘러만 가는 저 물결
미미 냇물 그 옛날에도
옛적에 잡은 손 놓쳐 버리고
꿈으로만 엮어 보낸 세월에
바람이 부는 대로 흘러갔었지

이제는 남은 시간이 없어서
초조하기만 하고
옛날에 그 길도 멀어진 지 오래
추억으로 묶어 놓은 그날들을
수없이 지워도 더 또렷한 것은

못 따라가고 못 쳐다보고
영영 못 만날 철길이 되어 저쪽
스치는 아련한 길 영원히 멀어진
애잔한 그때 그 시절
물에 뜬 마음 하나 별빛 품고 오려나

별님은

수많은
별들이 반짝반짝
이 밤을 속삭이며 비추네

그렇게
또 많은 별 중
대왕 별님 더욱 더 눈부셔

저 별은
늘 그 하늘 그 자리에
유난히도 빛을 토해내지

나의 별
땅 보며 싱긋이 웃네요
전할 말이 있었나 보다

유난히
더 선명해진 저 별은
멀어서 아득도 한 그 길을…

나만의 텃밭

키 자랑하느라 앞다투는
주황색 점박이 나리꽃,
샛보라 도라지꽃
끝없이 피고 지고

키다리 해바라기
바람 불어 꺾어질까 빨랫줄에 묶어 놓고
거름 주지 않아도 잘만 커 가네

심은 적도 없는데 참외 한 포기
자귀살이 나무 타고 장독대로 오르며
노오란 꽃이 피고 지더니 마디마디
참외가 조롱조롱 영글어 가네

그리워 보낸 수많은 밤이 쌓인다면
잡힐 듯 닿을 듯 붙잡지 못한 사랑아
산나리 토라져 도라지 돌아오라고
해 보며 달 보며 그 향기 멀어지고 있네

초 · 보 · 그 · 달

초승달
두 발도 없이
서쪽으로 가고 또 가고

보름달
돛대도 없이
세상 근심 걱정 떠맡고

그믐달
삿대도 없이
동쪽 하늘에 쪽박으로

목화 꽃 고운 님

꽃 지고 나면　　달달한 열매　　입안 상큼
인자한 그 분　　있었기에　　　지금이라도
목화솜처럼　　　보송보송한　　따스함을
물레에 감긴　　　실타래를　　　풀어가네요

시어른 양위분　　친정어른 양위분　네 분 어르신
구십칠 세　　　　구십구 세 되도록　모신 그 길
타의 모범이　　　되고 귀감이　　　되었으니
그 고통도　　　　부귀영화도　　　반반이었겠지
내 자녀들　　　　취직 걱정　　　　까지 해 주신

바람에도　　　　흔들리지 않는　　생 잘 사신
인생길은　　　　존경 그 자체　　　누구도 넘보지 못할
앞개울에　　　　태산준령도　　　잘 넘긴 세상사
밤하늘에　　　　달빛 별빛도　　　박수치네요
목화꽃 그 사람　하늘 천사　　　　송명님이시라고

불러도 물어도 울어도

들을 보고 불러도
산을 보고 불러도
새를 보고 불러도
대답은 감감

구름 보고 물어도
바람 보고 물어도
강물 보고 물어도
어설픈 능청

햇님 보고 울어도
달님 보고 울어도
별님 보고 울어도
절절한 그 맘

찔레꽃 핀 동해안

포항 어르신 대회 게이트볼 동참도 못 하고
짙푸른 넓은 바다 갈매기 떼들
해안선 따라 아무리 달려도
찔레꽃 핀 산과 들엔 어머니 얼굴뿐

비릿한 푸른 바다 동해안 선
포항에서 감포까지 달려온
통통 고깃배는 수평선 너머로
감포 바다 몽돌들은 말하네

보고 싶은 사람 다 못 보고 살아도
파도들이 철썩이며 아픔 달래고
고속도로 창 너머로 노을이 내려앉고
찔레꽃이 엄마 얼굴 올올 눈물 자국

때죽꽃

온갖 새들의 울음소리 들으며
피운 때죽꽃
아무도 봐주는 이 없이 피었다가
말 한마디 못 한 채 지고 있구나
하얀 감꽃처럼 별처럼
하얗게 쌓인 그리움 엮어
목에 걸고 싶은 때죽꽃
홀로 피었다가 아무도 몰래 지고 있는
산꽃 때죽은 서러움 혼자 지닌 채
그래도 내년이면 또 울먹이며
산바람 꽃바람 비바람
하늘가 그대 그리며 애달피
숨죽이며 별빛 길 따라 돌아가네

층층이꽃

질서 정연하게
층층대를 이루면서
멋스럽게 하얀 꽃송이
성주댐 물 위에 비치면
고고하고 도도하게
내로라하고 쭉쭉 뻗어선 자태
가신 님 하늘가에 서서
그리웁고 그리운 마음
층층이는 알아주려는가?
세월은 언제 흘러갔는지
여기까지 와 주체 못 할
몸과 마음
아련히 깊어지는
추억의 장만 한 갈피 두 갈피
넘기면서
성주댐 '잔물결만 일렁이고…'

산딸기

산새들 밥 산딸기라고
다람쥐 산토끼 우리도 못 따는데
바람도 슬며시 와 그냥 가고
해님이와 새콤달콤

낙락장송 소나무는 물끄러미
물푸레나무도 뻗어보지만
구름도 내려다보고 입맛만
별님이와 달콤새콤

지나가는 비도 욕심내 보지만
벌과 나비도 안간힘을 썼지만
푸른 하늘 다 그만해라
사랑이와 새달달콤

방울토마토

셋째 딸이 모종 네 포기를 사 와서
꽃밭에 심어 놓고 잘 키워 보란다
너무 잘 커서 막대기로 받쳐 주어도
그 받침대를 베개 삼아 비스듬히
다 누워버렸다 아무리 받쳐 주어도
소용이 없다 누워서도 죽지 않고
꽃을 피우고 열매는 달리고 익고 있다
너무 많이 달려서 감당하기 힘들다
가지치기를 안 해 주어도 그렇다고 하네
시 늦고 때늦은 후회만 그대로
울긋불긋 익어 가는 걸 보면 흐뭇하기만

제3부
찔레꽃 무덤

봉숭아 물 들이듯

어느 여름밤 봉숭아 물 들이듯
정들여 놓고
한세상 같이 가자 하던 그 언약
밤마다 꿈마다
그리도 애절하니
어찌 하나
그것도 지난 세월 된 지 오래
꿈으로만 볼 수밖에
가난한 마음아
초롱꽃에 등불이라도 밝으리까?
그리움 파고드는 가슴엔
그대 목소리만 절절한데
익숙하던 발길은
멀어진 지 오래일세
그러나 그래도
그대는 나의 하늘
나는 그대의 땅 할래요
이 가을 앞에서 울먹여
이제 나도 저 높은 하늘이
많이 가까워졌다고

태풍 링링

몇 날 며칠 뉴스에는 태풍 진로 이야기
서해 쪽으로 올라가 수도권으로
구 월 칠 일 오늘은 새벽부터 비바람

대문간 구지뽕나무는 마당에 누워 버리고
해는 나왔다가 숨어 버리고
꼼짝없이 갇혀
내리는 빗방울 세고

새들도 창공을 나는 걸 포기했나?
보이지 않고 귀뚜라미만 울어 젖히고
마루 끝에 앉아 토란잎 물방울 저울질

동생 숙이는 대추 다 떨어졌다고
포도 수확 철인데 며칠 비 때문에
걱정이 이만저만이 아니라고 폰…

거두기만 하면 되는 일 년 농사를
태풍 링링으로 전국을 강타한 비바람
그렇게 센 바람 링링도 가야산이 막아 주네

긴 장맛비

긴 장맛비에 식물들은 못 살겠다고
웃자라고 이리저리 쓰러지고
토란잎도 수정 방울 저울질에
비우다가 비우다 비스듬히 누워

도라지꽃도 나리꽃도 쓰러져
끈으로 묶어 세워 빨랫줄에
넘어진 건 다 세워 달라고 아우성
부엌엔 빗물이 떨어져 닦고 퍼 담고

뉴스는 물 폭탄이 전국을 할퀴고
걱정이 이만저만 장마 끝은
고개 숙여 반성하며 너무 미안해
칭얼대지 말고 해님 방긋 웃는 날을…

천둥 번개 벼락

말복 날 천둥 번개 벼락까지
아침엔 햇빛 쨍쨍했었는데
새들도 놀라서 종종 허둥지둥
어느 고목 쓰러트렸는지 번개 번쩍

소나기 쏟아지고 난 뒤로는
얼마나 시원한지 뜨겁던 땅
식혀 주어 한결 성큼 다가선 가을
비가 내릴 때마다 계절을 느끼며

초록 잎새 물방울 안고 으쓱이고
산잔대꽃 작은 초롱 조롱조롱
님 오시는 날 서로 등불 밝혀 주려
줄 서서 읊조리고 해 저문 산마루에

칠월이 준 행복

이천이십일 년 칠월
고마운 칠월은 내 생의 절정
봄이 오면서 아프기 시작하여 오 개월
힘들게 지나고 있는데 느닷없이
기쁜 소식 때문에 정신이 번쩍, 두 발로 서기

칠월은 청포도만 익어 가는 계절이
아니라 모든 열매들이 영글어 가는
강렬한 태양 아래 한없는 그 옛날엔
청보리도 익어 가는 주린 배 채우려고
새까만 보리깜부기 뽑아 먹던 그 시절

새하얀 머리엔 흰 눈 뒤집어쓴 지 오래
구순을 바라보니 서럽고 서럽네
젊은 시절엔 세월을 재촉하고
지금은 세월아 좀 더디 가라 하소연하네
어렵게 얻은 이 행복
천천히, 오래오래
가슴 가득 안고파서

어느 여름날

감당 못 한 더위가 길에 물 뿌리기
오늘도 이글거리는 햇살에 노여움
꼼짝 않고 집에만 있지만 땀은 줄줄
꽃밭의 토란잎은 누렇게 말라 타들어 가고

들판에 곡식들은 햇빛 쨍쨍해야
익어 가는데 사람들이 참아야 한다고
위안도 해 보았지만
비 오듯 흐르는 땀

바람이 와서 살랑이더니 구름을
데리고 와 숨통을 쉬게 해 주네
고개 숙인 나무 잎새들 빗방울 몇 방울
구름이 해님을 잠시 숨겨 주어 고마웠다고

겨울이 되면 그래도 여름이 좋았다고
다 참고 견디며 사는걸
괴질병과 싸우며 이 여름을 어쩌나
어차피 가는 세월 가만히 있어도 반년이 다 갔네

여름의 끝자락

여름이 가을님을 초대하려고
아침저녁으로 서늘해져 오네요
저 하늘에 한 점 흘러가는 흰 구름
상사화 꽃으로 떠나가고 있네
꽃 지고 잎새 나와 꽃 본 일 없다 하네

그 푸르던 날도 가을에게
내주어야 할 때가 다가와
설렁이는 바람에게 달래 보라고
세월은 좀 천천히 갈 수 없냐고
해님은 장독대를 뜨겁게 달구고

석류알 잘 익어 가는 여름 끝에
엄마 따라 외갓집 다니던 그 고갯길
수 없는 고갯길 다 넘어 보았지만
봄에 넘던 보릿고개만 했겠냐며
고개를 푹 숙인 여름은 할 말 없다네

왕십리 전철역

서울역 전철에서
몇 번 갈아타면서
왕십리 전철역 시세계로
팔십이 넘어 내 꿈을 이룬 곳

너머 너머에
세월의 너머에서
초록빛 세상이 기다릴 줄
힘들게 산 한세상이기에

문학세계 소양교육 받던 날
너무도 화려한 세상에
와 있는 듯 황홀하기만
오롯한 꿈에 젖어 있는 곳

시작은 늦었지만
웃거름이든 밑거름이든
내 영혼에 뿌려 보려
석양 길에 선 황혼이면 어떠리

터엉 빈 성주

하루하루 바쁜 삶을 사는 막내아들네
함께 가족여행 가자며 날짜를 맞추어도
몸이 성치 않아 함께 갈 수 없어 아쉬움만 가득

4박 5일 떠난 일본 여행길
저들끼리 잘 지내는지
여민, 승민, 승주는 아무 탈 없이 잘 따라다니는지

밖을 내다보니 성주가 터엉 비었구나
내 옆에 아들 내외, 손녀 손자가 없으니
손에 잡히는 게 없고 걱정만 한가득

더운 여름날
조각달은 서쪽으로 잘도 가고 있구나
저 하늘에 달그림자만 보며 꼬박 새운 이 밤
언제 왔는지 소리 없이 새벽이 와 있네

아들 내외, 손녀 손자 돌아오니
성주가 한가득하네

성주댐 둘레길

겨울에 찾아온 나쁜 손님
코로나 때문에 산으로
성주산은 그지반 완주했지
성주댐 둘레길은 수도 없이

오늘은 비가 내린다 부슬부슬
우산도 없이 산행을 나서
큰 나무 밑에 버텨 보지만
소나기가 쏟아져 팔각정으로

둘레길 걷는 사람들 모여들고
비가 그쳐 사람들 떠나가고
양과 난 싸 온 도시락 맛있게
뜨거운 커피까지 달달하게

산나물 국거리 지부까지 뜯어
독용산성 자락이니 산나물 지천
댐 물결 차마 떠나지 못하고
부교를 걷는 설렘 사색 머물고…

안개비 내리는 성주댐

심심산골 골짝골짝 산도라지꽃
향은 짙어 솔솔 소나무도 부럽다네
진한 보랏빛 꽃 색은 산꽃들 주눅 들고
초록 색깔 나무들 한껏 어깨춤 추고
하얀 구름이 안개를 내려주고 후두둑

비를 맞아도 즐겁기만 한 댐 산속
바람이 와도 비를 쫓아 보지만 그냥 내리고
호수에 어머니 얼굴이 한가득 일렁이고
그 물가에 내려앉는 백로의 날갯짓
산과 산 사이 안개는 피어나 꽃구름

팔각정에 바라본 댐은 수채화
아이들 모터보트는 물보라 가르며 함성
안개비를 가르는 저 함성은 즐거움
산 너머 안개 내 속 태운 연기인가
잡힐 듯 닿을 듯 붙잡고픈 내 어머니

청암사 그 길엔

몇 번이나 왔었지만 또 낯설다
계곡이며 기암절벽 그대로인데
다 똑같은데 동행이 다르니
옛 고목들은 고사하고 새나무 웃자라
몇백 년 된 나무들 그때 그 자리 우뚝

대웅전 염불 소리 근엄하고
비구니 스님 온화하고 엄숙해
발걸음 발걸음 나직이 조용조용
그때 어느 날 같이 걷던 그 길
세월 지나니 그것도 옛날이 되어

높고 푸른 하늘 쳐다보며 물 한 모금
푸르른 소나무들의 속삭임에
흐르는 것이 물만 흐르는 게 아니고
세월이 흘러가니 그때 그 사람
청암사에 두고 보내지 않아도 떠나가고

대황산 자락에

자연인 회원님 댁 대황산 골짝
독서 회원 야외 수업 나가기로 한 날
깊은 골짝 메우고 다듬고 텃밭도
멋진 자연의 집을 만들고 있네요

식구는 개 네 마리 닭은 몇 마리인지
별천지가 따로 없네요 이곳이 별천지
그 험준한 골짜기에 맑은 물 졸졸
옛날에 있었다는 우물물도 졸졸

산행을 하기로 하고 산길을 나섰다
맨발로 걷는 총무님 발 다칠까 걱정 되고
취나물도 부들부들 아카시아 꽃향기
찔레꽃 향기 취해 꽃잎 차향에 취해

구동굴에서 떨어진 곳이라 외로울 텐데
혼자 신이 나서 신이 난 자연인 덩달아 좋아
된장도 김치도 손수 담아 맛도 좋대요
맛이 좋은 된장국에 밥 한 그릇 뚝딱한 날

무흘계곡 사인암

벚꽃이 피었다가 지고 있는 날
야외 수업 간다고 서쪽으로 달리는데
벚꽃 잎이 눈처럼 휘날려 장관을 이루고
목적도 없이 그냥 닿는 곳이 사인암
무흘계곡 구곡 중에 네 번째 암이다

계곡 아래 바위에 자리 잡고
별고을독서회 회원들 좋은 곳에 와
시를 한 수씩 읊으라 하니 멍해져
그저 수정 같은 맑은 물에 발 담그고
물 한가운데서 돌탑을 쌓기도 하면서

오늘은 우리도 신선이 되어 외쳐 보고
깎아지른 언덕 바위 옆에 산벚꽃
나무 한 그루 꽃 피어 너무 밉도록 곱구나
독서회원님들도 신선 된 기분에 도취하여
돌아갈 줄 모르고 계곡물에 흠뻑 젖어

동으로 흘러가는 수정 같은 물은 님을 싣고
수도암 청암사 흘러온 계곡물이여
구름도 데리고 동으로 데려가네
바람도 동으로 불어 대고 꽃잎도 따라오네
하루 종일 신선놀음하고 기분 만땅 싣고

강정보

전망대 올라
바라본 강
푸른 물결 보석같이 빤짝

물 부자가 되어
가뭄인들 무서울까
서쪽으로 성주가 보이고

후대의 걱정을 덜려고
한가득 물보라
저 뱃노래도 구성지게

천만년
역사는 은빛 물결로 반짝이고
그저 고개 숙일 뿐

백운동 가야산으로

2007년 성주성 밖 다리에서 만난 건
오십사 년만의 재회(再會)
앞좌석에 나란히 앉아
황송하여 몹시도 미안했지요

꿈같은 길 개화대*를 지나는데
여기는 그대가 살았던 동네
웃상삼* 지나 여기는 나의 고향 동네
지금도 생생하여 가슴을 뛰게 하고
그리워서 고마워서 목 메이네

꽃 같은 이야기 꽃잎처럼 훨훨
다 시들어 흘러간 줄 알았는데,
속 태운 날이 한 세월이었는데
쏟아지는 눈물
억제하며 달래네

고개 숙인 '할미꽃 연정'* 언덕에서
켜켜이 쌓아 놓은 영혼 한 자락
꿈꾸다 만 인생도 여기 있노라고
이제 와 소용없는 마음 졸인 한평생
백운동 가야산 한 바퀴 주고받은 마음뿐

* 개화대 : 성주군 성주읍 대흥리의 옛 마을 이름.
* 웃상삼 : 성주군 대가면 마을 이름.
* 할미꽃 연정 : 이명은 시인의 첫 시집 제목.

비밀번호

둘째 딸네 집을 갔는데
현관문 비밀번호가 이공사구
내 폰 번호 마지막 번호로 되어
엄마가 오시면 쉽게 여시라고

막내딸 외손자고 딸이고
다 폰 번호 끝 번호가 이공사구
사돈네 집에서 못마땅해하면
어쩌려고 사위만 친가 번호로

막내아들네도 다섯 식구 다
이공사구 나 혼자서 빙그레 웃고
모두가 고맙구나 이공사구로
힘을 얻고 폰 번호 문 번호 비밀번호

말고 외손자 동준

맏딸 외손자 세 살 때
외가로 와 겨우 말 배울 때
아침부터 시무룩해져
기분이 영 아니다
아무리 달래도
이것도 말고 저것도 말고
좋아하는 장난감을 주어도 말고
운전하기 좋아해서
오육칠구 엑센트 차 키를
손에 쥐여 주어도 말고
빵도 과자도 다 주어도 말고
밥을 주어도 말고
업어 주어도 말고
목욕을 좋아해서 시켜 주어도 말고
뭐가 말고인지 알아야 달래지
해가 저물어 가니 영 퍼들고 앉아서
엄마 보고 싶어 죽겠다고 엉―엉
전부 다 말고가 결국 엄마 보고 싶어
종일 말고로 끝내고 결국 엄마 못 보고
울다가 잠든 동준이 안쓰러워
이 주째 못 보니 얼마나 힘들었는지
그 이후 동준이 별명이 말고가 되었네

댓돌 위 신발들

아프면서 오르내리기 힘들어 보이니
댓돌을 만들겠다고 시멘트 한 포
모래 한 포 블록 몇 개 사서
길이 70센티 넓이 30센티 반듯하게

만들고 보니 정말 편리하고 좋아
신발도 나란히 이쁘기도 하지요
한옥에 격이 맞아요

근데요 댓돌을 만들어 주어 고마운데
시멘트 한 포가 바윗덩어리가 되고
굳어 버려 아무짝에도 쓸모가 없어져
아까워서 댓돌 타령 쏙 들어갔네요
시멘트가 아까워서 어쩌나

둘째 사위 선교사님이 모처럼
효도 한번 해보겠다고 신나게
만들어 놓고 좋아했는데 버려진
시멘트 타령 바윗돌 되어 말이 없네

경자 그년

무슨 세월이 이런 세월이
겨울이 따스해 걱정했는데
아니나 다를까 이런 일이
코로나라는 괴질병이 세상을

봄이 갇혀 버리고
사람이 갇혀 버리고
전 세계가 병을 앓고
이래도 탈 저래도 탈

여름에 장마가 길더니
마이삭 태풍이 전국을 할퀴고
하늘의 벌 받고 그 많은
빗물이 괴질병 데리고 가면 저만 흘러가고

이 가을 그 와중에도
들국화 쑥부쟁이꽃 흐드러져
황금 들판 풍요로운데
몸과 마음 다쳐 힘든 경자 그년을…

북경에서

밤새도록 배를 타고 간 곳은 진항도
갈매기 두 마리 평택에서 따라와
날개가 얼마나 힘들었을까 걱정했는데
날이 새니 어디로 갔는지

만리장성 케이블카 타고 올라가도
힘든데 그 옛날 사람들은 어떻게
돌을 날라 이 높은 산등성이 긴 성을
오르다 힘이 들어 주저앉고 말았다

인공호수를 만들고 거기에다 깊은
산속에 태후궁을 세우고 대단도 하다
넓은 땅 두고 산기슭에 화려하게
그곳에 궁을 세우고 침범당하지 않으려고

자금성은 하루 종일 구경해도 눈이 어리둥절
광장은 세계에서 제일 넓다네
게이트볼 한중교류대회 성주군 일등 해
북경에서 날개 하나 달고 꿈을 꾸고 있네

장독대 정화수

옛날 어머니들이 신성시 여기던
장독대 내 어머니도 정화수 떠 놓고
새벽마다 가족 무병장수 빌던 곳
시어머님도 그렇게 지극 정성으로 빌던 곳
나도 똑같이 그런 세월을 보냈었지요

아가들이 아프면 빨리 낫게 해 달라고
시험 칠 때가 되면 잘 치게 해 달라고
잘 안 풀리는 일이 있으면 잘되게 빌고
그냥 매달려 볼 때도 있었지
막연히 가족 모두 잘되게 해 달라고 빌던 곳

엄마와 시어머님 따라 살아온 날들을
보고 배운 대로 해 온 마음이 절절해서
장독대 애지중지 깨끗이 닦는 건
두 어른의 빈 자리에 지금도 그 마음이
독마다 그 그리움 한가득 채우고파서

머슴과 호야불

친구 네 명이 산나물 캐러
댕댕이 산을 오르네
도시락 싸고 신이 나서 우쭐우쭐
산나물도 잘 모르면서 즐겁기만 하네

말만 들은 산나물 보따리 메고
네 골짝 하나씩 향해 출발,
열다섯 분별없는 소녀들
도시락 저마다 비우고 가재도 잡고
하루해가 다 저물었네
서로 부르고 찾느라 허둥대다
친구들 모습 보이지 않아
울며불며 헤매던 산속

어둠 속에 만난 친구들의 얼굴
반가워 얼싸안고 조심조심 내려오는데
여기서 번쩍 저기서 번쩍
늑대가 나타난 줄 알고
숨죽여 벌벌 떨었지

해가 져도 아이들이 돌아오지 않아
집집마다 찾아 나선 머슴들
번쩍이는 호야불
세 친구 머슴 따라 다 집으로 가 버리고
나만 홀로 어둠 속을 헤매었네

근심 걱정 삽짝을 지키는 엄마에게
―왜 우리 집에는 머슴도 호야불도 없노
소리소리 지르며 엉엉 터뜨린 울음보

너희 칠 남매 먹이느라
머슴 줄 밥이 어디 있노?
엄마 가슴에 대못 친 철없는 맏딸
지금도 죄송해서 엎드려 웁니다

찔레꽃 무덤

해마다 피는 찔레꽃은
하얀 찔레꽃 우리 엄마 무덤가에
향기는 온 세상에 향기롭다오
어버이날 산소에 인사드리고
찔레꽃 무덤 앞에서
눈시울이 뜨거워
그냥 불러 본 엄마 이름이여
한번 불러 봤소 잘 계시라고
칠 남매 중 삼 번이
올봄 엄마 곁으로

없이 살 때 그때가
더 우애가 있었지요
꽁보리밥 양푼이에 나물 반찬
비벼서 주면
동생들 다 먹고 몇 숟갈
옛날이 그리운 찔레꽃

무덤 앞에서
그때가 한없이 그립습니다
아버지 어머니…!

제4부

나 홀로 당신이 되어

고개 숙인 수국

한겨울 방안에 들였더니
대궁이 너무 키가 커
봄이 되어 꽃 한 송이 달랑
삼 개월째 피어 있는 꽃 한 송이
너무 커 고개를 숙이고 절하고 있네
줄기로 링을 만들어 받침 만들어
놓으니 황새목처럼 빼고 있어
애절하기만 하고
수박 덩어리만 한 꽃송이
아무리 봐도 신기하기만 하고
지나가는 모든 이의 구경거리가 되어
어깨가 으쓱하다
삼 개월을 넘어가니
자기 생을 다했다고
더는 못 버티겠다고
지지 말고 내 곁에 있어 달라고
올봄 수국이 있어 위로된 마음
고개 숙인 수국 올봄 즐거웠지…

성밖숲에서

파아란 하늘에 흰 구름 한 점
유유히 흘러가면 뒤따른 바람
어제 낮 소낙비 쏟아부은 뒤로
나뭇잎 꽃잎들 다들 청청한데

성밖숲 왕버들 나무 황새들의 놀이터
이천(利川)의 물고기들은
청둥오리 합세해 즐기고 있네
초록색 잔디밭이 그림 같구나

이천 변 둑 너무 사 차선
차들이 쌩쌩 달리고 또 그 너머에
하우스 속에는 황금알 참외들이
노오랗게 익어 익어 금이 되지요

몇 년째 바다를 못 본 채 세월이 흘러
이천 냇물 바다처럼 바라보며
아쉽지만 그렇게라도 물 파도와
작은 폭포 돌다리를 두드려 본다

할머니의 까치밥

감을 따던 날
할머니께서는
제일 인물 좋은 꼭대기
감은 남겨 놓으라
까치들의 밥이란다

감잎 다 떨어지고
맨 꼭대기에 달랑
까치가 와서 앉아 보지만
따 먹지 못하네
두고두고 있다 먹으려고

할머니의 까치밥
겨우내 달랑달랑
애지중지하던 감
어느 날 바람 세게 불어
떨어진 감 아름다운 풍광이여

두견새 엽서

들마다
가을걷이가 끝나고
산마다
단풍으로 붉게 타는데
그리움
달래는 서쪽 새 울음소리
서러움
짓씹는 노을에 걸쳐 앉아
한 마음
밉도록 가슴에 간직한
저 별은
너무 먼 곳에서 가물가물
그 마음
피멍 든 두견새 엽서
마지막
이별도 없이 아득히 멀어져
무정한
바람은 달빛만 흔들고
세월은
야속하기만 쪼르르 흐르고
지금은
묶은 사슬 풀고 돌아선 길

일곱 송이 꽃 상사화

여름이가 가을님을 초대하려고
아침저녁으로 서늘해져 오네요
저 하늘에 한 점 흘러가는 흰 구름
상사화 꽃으로 떠나가고 있네
꽃 지고 잎새 나와 꽃 본 일 없다 하네

그 푸르던 날도 가을이에게
내어주어야 할 때가 다가와
설레는 바람에게 달래 보라고
세월이는 좀 천천히 갈 수 없냐고
해님이는 장독대를 뜨겁게 달구고

석류알 잘 익어 가는 여름 끝에
엄마 따라 외갓집 다니던 그 고갯길
수없는 고갯길 다 넘어 보았지만
봄에 넘던 보릿고개만 했겠냐며
고개를 푹 숙인 여름은 할 말 없다네

재두루미 한 쌍

길게 다리 뻗고 허공에 나르는
재두루미 목 길게 내밀고서
어디로 가는 건지 뒤따라
비행기도 창공을 가르며
날아가고 재두루미 길 비켜 주고

낮달도 서쪽으로 그냥 가고
잿빛 구름 흘러 흘러 잘도 가네
성밖숲 천에 내리면 먹이가
많을 텐데 날개를 힘차게 젖고
저 높은 하늘에서도 마음에 드는 곳을

잿빛 하늘에 잿빛 구름 재두루미
며칠 가뭄 해소 하늘비가 내려
새 물에 새 고기가 펄떡이는 이천
그만 날고 숲도 멋진 맥문동 꽃물결
이만하면 재두루미 안식처로 딱이야

엄마 손 거북이 등

가을걷이 다 하고 나면 쉴 법도
봄부터 여름 내내 흙에 살던
엄마의 손가락은 갈라지고
손등은 거북이 등처럼 터져
그때는 몰랐어요 엄마 손을

서말에치솥 밥 눈물이 흐르면
그 뜨거운 밥 눈물에 갈라진 손
지지는 것을 그렇게 견디면서
그 아픔 참으며 사신 기나긴 세월
멘소래담 사 드릴 줄 몰랐네요

동지섣달 긴긴밤을 돌아앉아
깜박이는 호롱불 밑 밤새운 바느질
시래기죽으로 배 채우며 키운 칠 남매
빈 마당 빈 가슴 허기진 허리춤엔
솥뚜껑 눈물 서러운 흔적 아리고 저리네

나 홀로 당신이 되어

얼마나 외로우면 참새라도
붙들고 놀고 싶어 앞마당에
조를 한 오큼 놓았더니
참새 한 마리 마당에 내려앉다

날아가서 친구들을 데리고 와
참새들이 한마당 짹짹짹
맛있나 보다 잠시 눈 깜짝할 새
날아가고 나 홀로 당신 되어

그 옛날에 나락 논에서 새 보던
추억의 허수아비 빙그레 웃고
새야 나락을 다 따 먹지나 말거라
빈 깡통 줄만 흔들어 대던 그 시절

황혼에 선 노을

멀쩡한 길 마다하고 후미진 외딴길
초라하게 황혼길 붉게 물든 산마루
아직도 후비는 아픔이 가슴 찢기우고
시냇물에 물든 노을이 아름다워
보내야 할 하얀 마음 밉도록 간직한

백 년 천 년을 삭이는 설움이라 해도
보라색 나비 한 쌍 작은 꽃밭에 화사히
깊은 바다여, 듬직한 산아, 높은 하늘아
실바람 타고 온 미풍이 노을빛 흔들고
이슬에 촉촉이 젖어 온 찔레꽃 향이여

개망초꽃 흐드러진 언덕길에는
철없던 그 시절에 울고 웃던 날들이
추억이란 이름으로 묶어 놓고 한세상
아무런 언약한 적 없었던 눈물 꽃
휩쓸고 간 황혼에 선 저 노을빛이여

낙엽이 손님 되어

밤새 부는 바람 따라 한마당
낙엽이 손님 되어 한가득히
내 집을 찾아준 반가운 일
모아 모아 소쿠리에 담았지요

국화꽃은 낙엽님 깍듯이 맞아
같이 겨울 나보자고 절절히도
갈색으로 노란색으로 붉은색으로
드리워진 긴 석양이 같이 가자네

소리소리 합창하던 귀뚜라미도
시를 쓰던 거미 자취 감춘 지도 오래
겨울로 가는 길 외롭고 쓸쓸하지만
낙엽이 말하네 따뜻이 덮으라고

바람아 구름아

꽃은 피었다가 그냥 지고
봄은 왔는데도 봄을 즐길 수 없고
지구는 인간들에게
호되게 꾸짖고 있구나

바람아 세게 불어
무서운 괴질병 쓸어 갔으면
구름아 너라도 데리고
흘러가면 안 되겠니

봄맞이도 그냥 보내고
여름은 성큼 찔레꽃 향기
초록은 산등성이를 넘으며
세월아 강물아 바람아 구름아

단풍아 낙엽아

초록의 계절을 아쉬워하며
붉은 옷으로 갈아입으려고
뜨거운 바람에 실려 가면
계절에 발길 멈추지 못하고

홀연히 나선 그 발자국을
노랑 옷으로 훌훌 털고서
시원한 바람에 노닐면서
이 가을 총총걸음 구름 따라

한 시절 사랑만 한 매미들아
단풍 곱디고운 음률 타고
낙엽아 시린 가슴 아리도록
허공에 매달린 잎 울다 지쳐…!

한강에 노을이 풍덩

기차는 한강 철교를 달리는데
해님은 노을 데리고 한강에 풍덩
그 풍경이 아름다워 멈추고픈 기차
허공에 매달려 있는 초하루에
눈썹달은 나를 따라 남으로

철길에 부서지는 외진 마음
너무나 잔인하게 지쳐가고
석양 길 노을 속에 버려둔 맘
지날수록 끝없는 세월 속에
서럽기만 한 기약 없는 그 한마디

접은 마음 차가웁게 달 아래서
낙동강 철교는 다 왔다고 요란한데
별빛마저 지쳐가고 무색해져
휘청거린 몸도 마음도 지쳐버린
두고 떠나온 발걸음만 시리고 저리네

자작나무 숲길

산을 오르며 가쁜 숨 고르며
오르막길 이끼 낀 바위 틈새로
끝없는 자작나무 군락지
땀이 비 오듯 흐르고 살랑이는 바람

도토리는 데굴데굴 굴러 머리에 툭
한 알 두 알 한 오쿰 주워 주머니에
다람쥐 겨울 양식 쏟아 놓고
산새들의 노랫소리에 흥얼흥얼

멋있는 하얀 나무들 돌부리산
계곡 물소리 흔드는 영혼 하늘 끝에
수줍어 삐죽이 내미는 쑥부쟁이
구름도 바람도 따라오다 쉬어 가자네

구절향

따사로운 가을 햇살 유혹에
구절초 새하얀 꽃잎에 앉은
벌과 나비가 한데 어우러져
꽃술에 입맞춤 사랑을 나누고

산에 있어야 할 구절이를
옮겨 온 지 삼 년 피운 꽃에
벌과 나비 내 가족 가을 햇살을
마냥 즐기고 나도 덩달아 즐거운 날

아침 이슬에 더욱 꽃잎 눈부셔
푸른 하늘 부럽지 않으려고
구구절절 나는 하얀 꽃 향이라고
길 가는 행인 다 홀리고 발길 멈추네

꿈과 계절은 눈물 적시게 하고
잊을 수 없는 그 사람은 그 자리에
한마디 이렇게 말 못 해 본 채
슬픈 꿈 고이 접은 구절향이래요

이 가을 쓸어안고

이천을 따라 오르면 미미 방천길
코스모스 갈대꽃 살랑이는 바람결
황금 들판 누비며 약바우 삼각 물결
옥, 순, 계, 명 가을을 가슴에 한 아름

세월이 칠십 년 지난 지금은
소풍 갔던 약바우 왕버들 나무는
간데온데없고 남부 내륙 고속도로
차들만 쌩쌩거리며 달려가고

추억의 길 둑방 길 미미 냇강은
백사장 은빛 모래는 어디로
아무도 넘보지 못한 너와 나의
길이였기에 오늘도 더듬고 있어

스쳐 간 갈바람은 휘돌아서
산허리에 다정히 숨결 안고
한순간을 놓쳐 버린 갈대 서걱
이 가을 쓸어안고 읊조리는 노래여

적막강산*

날이 갈수록 들리는 소리는
좋은 소리는 없고 수만 늘어
가고 오고 못 하도록 묶어
캄캄한 소식뿐 좋은 일은 언제
이 적막 한 줌을 저 고운 노을에

한여름도 매미 울음 뒤로하고
세월은 더덕더덕 누더기 져
하늘에 고운 구름 수줍어서
지는 꽃잎 후두둑 누워 버리고
희미한 별빛 묻어둔 선새벽

새들은 아침을 여느라 바쁘고
이슬 머금은 꽃잎 희미한 가로등
돌고 돌아와 먼 먼 길 홀로 선
누가 나 같으랴마는 새는 날에
적막강산 뜨는 해에 실려 본 날…

*적막강산 : 몹시 쓸쓸한 풍경.

잿빛 구름은

재색 구름은 흘러갈 줄 모르고
제자리를 지키고
진종일 그곳 그 자리

하늘에 새들도 날개가 무거워
멀리 날지 않고 제자리걸음
오늘 비상은 헛일이라고 재잘재잘

초록 잎새들은 해님을 못 봐 갸우뚱
빼꼼빼꼼 결국 볼 수 없는 해님에
잿빛 구름은 노을에게 보내고

바람아 잿빛 구름 쫓아주면 하고
애원하지만 보낼 수 없다고 하네
새들도 초록 잎새도 하늘만 쳐다본 날

춘하추동

춘님이는
기나긴 겨울을 봄이 힘차게
꽃과 잎새들 훨훨 피워 내며
한없이 사랑 다 받으며 즐기고

하님이에게
봄을 뺏기고 여름이에게 못 이겨
강렬한 태양의 세월을 보내며
초록 세상을 만들고 열매는 영글고

추님이여
기다리다 보니 오곡백화(五穀百花)가
이 가을 알록달록 풍요로운
부족함 없는 세상 고운 단풍아

동님이
북풍은 하얀 눈을 기다리며
마음 단단히 여미고 이 겨울을
춘하추동이 있어 보배로운 내 나라

별만 세며 하늘만

갈대숲 푸르던 날 백로들 훨훨
여름밤 그리운 날 청둥오리 떼 똥
가을엔 황금 갈대 서걱이는 바람
겨울은 갈대들 바람에 부대껴
쓰러져 일어서며 서로 부비고 살라네

어쩌면 가을 나는 기러기 울면서
북으로 날아갈 때 삼각형 줄지으며
그 옛날 어릴 적에 하늘 보며 눈물짓고
풀벌레 우는 밤엔 별만 세며 하늘만
그리운 엄마 품이 절절한 초가집 길

허공의 메아리는 수줍어 대답 없이
어쩌나 가물가물한 저 하늘아
끝자락 세월은 저만치서 비켜서
못다 한 묻어 둔 그 갈색 사연들은
빛바랜 지난 시간 떠나가 버리고

겨울 한파

쪽파는
양지바른 텃밭에
파릇파릇 줄지어 있고

대파는
엄동설한 꿋꿋이
동장군 이겨 내는 끈기와 인내

한파는
문고리 수도도 꽁꽁 얼어
유리문마다 스케이트장 되었네

함박눈은

잿빛 하늘
바람이 몰고 온 하얀 눈
펑펑 쏟아지더니
산자락, 나뭇가지마다 순백(純白)의 수를 놓고

퍼 담으면
떡시루 한가득 금방 백설기가 되고
새알 수제비 비벼서
우리 님 새참 드리고

밥솥에 가득 담으면 하얀 쌀밥 되겠지
님 무덤에
하얀 목화솜 이불이 되어
올겨울은 따뜻하게 나겠지

남기고픈 사연
발자국마다 담으면
홀로 걷는 눈길 위
뒤돌아보니 외로움이 소복소복
뒤돌아보니 그리움이 자국자국

제5부

걸어온 세월이여

황금 관음죽

어느 해 겨울 출판 기념식
행사장으로 보내온 관음죽 화분
입 다물고 앉았더니 이젠 새순도 어우러져
가슴 한가득 주고받는 옛날이야기

옛 사연 두어 줄 관음죽에 걸어 놓고
언제까지나 오래오래 보라 하네
이름표 달고 넥타이 매고 온 황금 관음죽
성산에 부엉이 세월 다 갔다네

한 나그네 먼 길 돌아 떠나가네
푸르던 그 시절엔 발걸음도 힘차게
이젠 돌아서 가는 그 길 무겁기만 해
아득히 가파른 세월 언덕길에서

젖은 사연 머문 자리 누가 알려나
잎새마다 소낙비라도 기다림 지쳐
노을에 선 왜가리 갈 곳을 잃은 채
내 속 모르는 바람은 구름만 몰고 가네

걸어온 세월이여

눈물로 데리고 가는 빈 그림자
내 곁에 있던 모든 그대들은 다
떠나고 무지 쓸쓸히 뛰고 있네
이제는 갈 길이 아주 바쁜가 보다
천천히 가고 싶은 걸 왜 뛰는지를

무게에 눌려 사람의 한생이
팔십을 넘어 보니 아등바등한
그때가 좋았던 시절 지친 꿈들은
대황산 바라보며 역사를 이룬
온 길도 갈 길은 더더욱 뉘 알랴마는

고즈넉한 솔숲에 빛 소리도 조용히
바라보는 저 문산 달빛이 와서
밤새우고 등불도 어수룩이 밝힌
걸어서 걸어온 세월이여
푸르렀던 그때는 이젠 타는 노을

석양 길 황혼길

봄이 와 수없이 꽃이 피어도
여름이 와 매미 울음 요란해도
가을이 와 황금 들판 풍요로움도
겨울에 차디찬 샛바람 불어도

이젠 모두가 내겐 사치일 뿐
석양 길을 서성인 지 오래일세
세월은 속절없이 흐르고 있어
아직 멀기만 한 줄 알았던 황혼길

흘러가는 하늘에 저 구름아
가슴 젖어 있는 모질기만 했던
짧고도 긴 인생길이었지만
석양 길 황혼길 토하는 설움인걸

머나먼 추억의 옛길

70년 전 성주 대가 산골 웃상삼 마을
신작로 자갈밭 길 머나먼 이십 리 길
사랑받은 할배 할매 잊을 수 없어
그 시절 외가 친척 찾아갔지
아련한 추억 안고 이제야 찾아간 옛 고향

높은 어른 간 곳 없고 그 아들딸 주름 가득
잡초 속 마을 회관 개들조차 짖어 대니
그 흔적 찾으려고 봄나물 캐고
산과 들 뒤돌아보며 성주까지
옛길로 걸어가는 나그넷길

매화동산 열녀비각 못 안 상삼 돌아서
6·25 전쟁 피난했던 아랫 상삼 지나
대가초교 오르막길 면 소재지
그 옛날 옹기굴도 돌산도 흔적 없고
멱 감던 군장리 못은 변함없구나

내리막길 앵미동 다리가 후들대고
주저앉아 하늘 보니 해는 기울고 있네
고속도로 굴다리 지나 개화대는 내 고향
앞 냇가에 피라미 잡던 넓은 들판은
하우스 바다로 출렁거려 낯설기만 하고

지게 지고 가방 메고 옛사람들 걸었던 길
열두 번도 더 쉬면서 동행한 해님
가야산에 걸려 있고 아득히
흐르는 이천 강물엔 노을이 풍덩
백로 한 쌍 먹이 찾다 하늘 높이 날고

성 밖 고개 넘고 군청에 다다르니
옛 어른이 심었다는 큰 소나무에
초록 긴 솔가지 초저녁별 반짝반짝
셋이서 걸은 그 길 멀고 먼 길이었네
세월에 먼 길 그 흔적 그 사연 두고두고

한세상 살이

시집살이 삼 년 동안 일 잘 못해
흘린 눈물이 얼마였던가 열일곱 식구
밥하는 게 너무 힘들어 들일 가겠다고
바꾸어도 보았지만 그것도 더 어려워
다시 부엌으로 어머님은 독 안에 키웠나
밀주를 들켜도 탈 이래도 탈 저래도 탈

셋방살이부터 시작 학교 가까운
교육 공무원이었으니 뭐 할 거 있노라고
했지만 다섯 아이 키우느라 숨질 겨를
없었지 큰 냇강 빨래하러 다니며
옷과 양말 기워 입히고 짜 입히며
정신없이 살고 나니 남은 건 병만 남았네

아프기는 내가 먼저 아팠는데
그이가 아프기 시작 암 투병 십팔 년
어느 해 생일날 차 키를 손에 쥐여 주며
그동안 고생 많이 했소라고
투병 십팔 년 정년 퇴임 육 개월 후
먼 먼 길 떠나고 유난히 자상했는데

사회생활 한답시고 늘 밖으로만
나돌았으니 내 잘못 많아 이제 와서
무슨 할 말이 있을까마는 뉘우치며
아픈 사연 갈무리해 둔 은은한 저 달빛
깊은 곳에 접어두지 못한 그 가슴에
어느덧 황선 한 발 두 발 석양 길이네

노을빛

보고파
헤매던 그 길은
영영 올 길은 저 멀리에

그리움
삭이며 울먹여
노을빛 해종일 싸늘해

외로움
낙엽만 흩어져
겹겹이 쌓여 산이 되고

미미강 연가

꽃바람에 흩날리는 그대 사랑 앞에
오도 가도 못하는 망향의 세월
눈물로 지새우네 봄이 오면 꽃이 피고
새 노래 하건만 안타까운 운명의
수레바퀴는 돌고 돌아 가는데
아―아 하늘이시여 꾸겨진 마음 갈 곳 없이
미미강 물소리는 변함없이 흘러가는데
한 번 가면 다시 돌아오지 못하는
피안의 강만을 부디 건너지 마시옵소서

봄이 오면 꽃이 피고 새 노래 하건만
안타까운 운명의 수레바퀴가
돌고 돌아 가는데 아―아 하늘이시여
이제 나는 어쩌란 말이요
미미강 물소리는 변함없이 흘러가는데
한 번 가면 다시 돌아오지 못하는
피안의 강만은 부디 건너지 마시옵소서
미미강 시절 인연 어찌 잊을 수 있나
이 세상 두고 떠나가지 마시옵소서

조각달은

내 창을
스쳐 가는 저 달 은빛 사연
먼동을 따라 등불 하나 켜지 않고

누구를
혹여 빗금 친
두 마음이었나

그리운
이름 묻어 놓고 애태웠던
꿈의 궁전 만들고, 허물고

한세상
풀벌레 울어 외진 곳에
초라한 내 모습 어디다 겨눌까

조각달
너, 보낼 수도 잡을 수도
쟁여 놓은 그 많은 사연만 가슴 치네

달빛은 나를 흔들고

아무리 몸부림쳐도 잠 못 이루고
뒤척거리다 뜰에 나가 하늘 보니
환하게 웃는 저 달빛은 빙그레
나도 못 자고 서쪽으로 가고 있네
무더운 여름밤에 그 뒤를 별님도

능소화 꽃잎이 여름밤을 불태우고
저 하늘 은하수는 졸음이 와 꼬박
멀어서 먼 그 길도 언제쯤
북두칠성 너는 알고 있으려나
멀고 먼 달빛 가는 길 선새벽이네

잊고자 한 하도 먼 시간들을
못 흔들던 바람도 달빛이 나를
앞개울에 여름밤은 깊어만 가고
뜬구름이 새벽길을 재촉하면서
달빛은 나를 흔들고 야윈 밤 눈물에 젖어

친구야, 친구야

겨울이면 밤늦도록 모여 앉아 웃음꽃 피우던
부모님보다 친구가 더 좋아서
안 보면 못 살 줄 알고 붙어 다니며
강남을 따라가던 때도 있었지요

어느덧 저마다 뿔뿔이 헤어져
지내온 긴 세월
자녀 키우고 사느라 바빠서
어디에서 어떻게 살고 있는지도 모른 채

이제는 돌아와 다시 찾으니
하늘나라 가고 남은 몇몇 친구
무지개다리 놓아 어렵사리 연결했네

아련한 추억 속에 함께 가자 친구야,
새소리, 물소리, 바람 소리 정겨운
내 고향 뒷동산 당산나무
억만년을 흘러간들 너와 나의 고향

아무리 불러도 싫지 않은 그 이름들을
정말로 사랑한다, 친구야, 친구야
얼마 남지 않은 그 세월 변하지 말자고
수많은 별빛 달빛 엮으며 같이 가자요

아득한 지평선

산새 들새 물새 들판만 보다가
강구항 바다에 서니 갈매기들
오랜만에 보아 신비롭기만 하고
달아날 듯 머문 듯 반길 듯도 한데
속 넓은 저 바다에 가슴 트이고

바다 비린내와 식당가 구수함
헷갈려서 어느 맛이 그 맛인지
돛단배 하나 뜨니 갈매기 우르르 따르고
붙잡힐 듯하다가도 멀어지고
그 몸짓 야속해 두 팔 벌려 허공만

아득한 지평선 너머에 어머니
혼자라고 안쓰러워 곁에 있겠다는
느닷없는 세월은 달아나고
평생 딸 걱정에 가슴만 조이고
그 먼 길 가까워진 길 다 왔어요

수도암

오르막이 몇십 리 길
내리막도 몇십 리 길
그 옛날에 이 높은 곳에 암자를
지었을까? 암자라 하기엔 큰절

            백팔배는 아니지만
            두 손 모아 합장하고
            내가 아는 모든 분들
            행운과 건강 빌어 본다

서쪽으로 온 길 하루해가
뉘엿뉘엿 붉은 노을이 물들고
구름과 어우러져 한 폭의 그림
노을은 아름답다 슬프도록

            전설로 아득히 피어날
            그리움은 끝자락 저만치
            비바람 불던 그때는
            천년의 내 웃음 보내리

가는 세월 오는 세월

가만히 있어도 빨리 가는 세월 소리
안 가는 끝에도 빨리 오는 세월
봄여름 다 가고 가을이 와 낙엽 지니
겨울이 코앞에 서릿발 휘날리고

앞세우지도 않았는데 저만치
뒤세우지도 않았는데 벌써 와
가는 세월 막지 못해 미리 와
오는 세월 받아 준 적 없건만

친구들 하나 둘 셋 떠나가고
같이 가자 했지만 두고 가네
둘러 갈 수 없는 길 나그넷길
황혼의 그 길에는 흰 눈 내린 길

산소 가는 길

청명이라고 막내와 산을 오른다
산목련은 지고 있고 싸리꽃은 피어
바람에 흔들리며 어서 오라 하네
연초록 나뭇잎도 산까치도 까악 까악

이름 모를 풀꽃들의 향연에 향기
유난히 희디흰 냉이 별꽃
물결을 이룬 작은 꽃의 하늘거림
눈에 담고 마음에 담고 가슴에 담아

산에도 들에도 가슴에도 찾아온 봄
구름이 모여들더니 빗방울 후두둑
산새들의 노랫소리 다 듣지 못하고
뻐꾸기도 울어 주는 서러운 그 길을…

훌훌 벗은 겨울나무

봄엔 새 옷 단장하느라 꿈도 꿨지
여름엔 초록 잎새 매미 불러 모아
잔치하느라 즐겁게 한여름 보내고
가을 맞아 붉게 노랗게 꽃 같은 잎새
모진 바람 불면 어디론가 떠나야 할
신세가 된 샛노란 은행잎 책갈피 속
첫사랑 기억 속으로 들어갈 낙엽 되어
흙의 진실한 곁이 그리워 떨어진 거라고
그 모진 삭풍을 견뎌 내어야
내년 봄의 연둣빛 새 옷을 입을 때까지
훌훌 벗은 나뭇가지 되어 울걸
땅에서 바로 피는 할미꽃은
무엇 때문에 그 이른 봄 삭풍에 피어나는지
아는 이도 묻는 이도 없지만 그저
고개 숙인 채 나 죽었소, 라고 히죽 웃지만
벌거벗은 저 나뭇가지보다
내가 백배 낫지, 라고 우기고
가슴에 안은 건 젖어 오는 별 하나
앙상한 가지에 매달린 마음 하나 있었던가?

나를 빛내준 문학세계

어설프게 시작한 나의 글
많이 부족했지만 문학세계가
등단시켜 부지런히 쓴 덕에
할미꽃 편지 출간 발표를 하고

왕십리 그곳에서 소양교육 받던 날
늦었지만 이곳에 작품 하나 묻고
성동구청에서 신인상 받은 건 행운
조카가 도와주어 편안한 길 되어

다 늙어 이 길이 아니었으면
천덕꾸러기 되어 그냥 할매로
축하 현수막으로 성주도서관
유림단체 각처에서 박수를 받으며
팔십 중반 달리기에도 끄떡없이
움츠렸던 겨울 딛고 봄맞이한
두 본상을 두 손에 거머쥐고 활짝 웃어 본 날
나를 빛내준 문학세계는 내 꿈을 이룬 곳

원장님은 내 스승님

이십오 년째 아프면 쫓아가는 곳
안재병원 대문에서 오십 발자국
주사 두 방 약 사흘분 지어 오며
멀쩡하게 다 낫는 걸 보면 용하지
상냥하고 친절한 간호사님들

할매 할배들이 북적이는 곳
원장님은 온화하고 자상한 분
강남제비도 대문에 새끼 두 쌍 잘 키워
제비 여섯 식구가 병원에 복을 나르고

어설프게 쓴 글 다 읽어 주시고
평도 해주셔서 힘이 되고 든든한
조 원장님 따뜻한 응원 용기를
무엇이든 쓴 글을 다 읽어 주시는
글 평을 아끼지 않는 스승님이래요

행복한 간병

22년 8월 8일 참튼튼병원
손자 승민 무릎 수술 관계로 입원
응급 수술실로 실려 가는 손자
무서워하지 말라고 신신당부
눈물이 쏟아지네 저 어린 것의 아픔

세 시간 만에 입원실로 온 손자
마취 깨고 앓기 시작하는 모습, 쓰리고 아리다
이 할매가 대신 아파 줄 수만 있다면
안쓰러워 볼 수밖에 없는 상황이 더 슬프구나

끼니도 거르고 밥차에 그냥 눈망울만
간병도 어렵다, 같이 굶을 수밖에
사흘이 지나니 조금씩 밥도 과일도
포도는 뒷짐 지고 숨겨 가서 입에 넣어 주고

어릴 때는 서로 옆에 자겠다고
거꾸로 자자 하던 사랑스러운 강아지들이
그냥 꾸벅 인사만 했는데 병원 온 뒤
이렇게 손자랑 친해질 수 있어서
팔순 할미는 행복했단다

화려한 외출

둘째 딸 따라서 간 서울행인데
생각지도 생각할 수도 없는 일
꿈속을 헤매는 건 아닌지
한세상 돌고 돌아서 거기까지
상상도 안 되는 일 오박 육일
주저앉고 말았는지 할 말 잊어

천사 같은 송명님이 더 붙들어
천 리를 와 열 발자국도 안 되는데
더 구만리 한 지붕에 꿈밖의 일
살아서는 어려운 일 가까운 곳
생명의 은인이기에 못 잊은 그
너무 오래 묻어 두었던 마음 하나

화려한 외출 오박 육일 마침표에
느닷없이 하는 말은 '안 가마 안 되나?'
얼마나 기막혀 웃었는지 할 말 잊고
'셋이 같이 살마 안 되나?'라고
이 기막힌 사연 조선민국에 있나
더 아프고 더 힘든 숙제 남긴 채로

나는 내년 봄 못 넘긴다 그 소리 들으며
떠나온 나 저리고 아파 어찌 하나
다정다감한 송명님 존경하오
두 어르신 언제까지나 오래오래
흰 눈이 내린 저 길에는 겨울로 가고
화려했던 시절 서서히 젖은 길이네

하늘 이불

그 흔한 이별도 없이
하늘 여행 떠난 후
첫 생일날이었네

하얀 순백의 눈
눈물처럼 쏟아져
소리 없이 밤새워 내린 눈

추운 겨울 걱정되는
효자 아들 첫눈 기념 목화솜
이불 덮어주었네

따뜻한 겨울 잘 견디어 나라고
지치고 고달픈 일들 다 접어 두고
어머님 사랑 같은 하늘 이불

시린 삭풍 솔숲 가지마다 흔들고
바람결에 흰 구름 흘려보내며
들풀 들꽃 향기 여울물 소리

연하리 동산 양지바른 곳
산새 소리 바람 소리 별들 고향에
못다 한 한과 시름 접고 편히 쉬소서

잃어버린 내 노래

라디오에 노래만 나오면 따라 불렀는데
세월이 여러 해 흘러가도
눈만 뜨면 흥얼거리던 그 노래들
어디 가고 지금은 잊은 지 오래

유난히 좋아했었는데 다 잊어버리고
사는 게 어려웠나 웃음도 잊었나
방 안에서 나와 부엌에 가면
노래 부르던 나는 어디로 갔나

쌓이고 쌓인 한들이 고달픈 삶
난 내가 제일 힘들게 살았다 했는데
친구들 얘기 듣고 나는 아니었네
호강에 받친 넋두리였네
고마워요, 미안해요, 웃을게요, 부를게요

온 길도 간 길도 머지않았으니
읊조리던 내 노래는 간데온데없고
별뫼 산에 노을 안고 목청 뽑아 보리
잃어버린 내 노래 십팔 번 '찔레꽃'

고운 햇살이 명약

이명은이라는 이름 석 자
해방 직후 열이 많이 나는 병
너무 추워 오들오들 떨던 그 아픔
양지바른 토담 밑에서 벌벌 떨며
그 병의 이름은 초학*이라는 공포

구들목에 누웠어도 산발 사발
골목길 토담 밑에 할아버지들
긴 담뱃대 물고 앉아 긴 긴 이야기
그 시절 그때에는 햇볕이 보약이다

할머니들은 대청 밑 뜨락에서
구들목은 술 단지가 보글보글
그 옆에는 콩나물시루 물방울 똑똑
그때 그 시절의 정겨운 소리

약 이름은 김기랍 얼마나 쓴지
돈이 없어 약도 못 사고 무작정
와들와들 떨면서 참으며 끙끙대던
그땐 고운 햇살이 명약이고 마음 병원이다

*초학 : 처음으로 앓는 학질. 말라리아 병원충을 가진 학질모기에게
 물려서 감염되는 병.

천길만길 벼랑 끝에 서서

병실 창문에서 하늘 보고 있노라니
동쪽으로 가는 구름, 구름 위에 구름
서쪽으로 가는 구름, 구름 아래 구름
얼마나 바쁘게 오고 가는지 바쁜 일 있나 보다
이 생각 저 생각에 쏟아지는 빗물 눈물

비님 다녀간 창문의 찌든 먼지 씻어 내리고
산처럼 쌓여 가는 두려움과 잡념 나를 울린다
하늘에 반년만 세월을 달라고 애원하며
석 달째 병실의 적막을 안고
밤이면 빈 가슴 세고, 새벽마다
쪼여드는 고통에 눈뜬다

자상하고 온화한 눈빛으로
모든 아픈 가슴 치유해 주시는 주치의 선생님
상냥하고 미소가 떠나지 않는 간호과장님
모든 넋두리를 다 들어 주고
공감해 주시는 백의의 천사 간호사님들
함께 기나긴 아픔의 터널을 나오려고
서로의 아픔을 감싸주려는 병동 환우분들

진종일 내리는 빗소리에
하루하루 감사함으로 이 글을 쓴다
가슴 아픈 이야기는 작년 봄
갑작스러운 교통사고였다
이 병원 저 병원 찾아다니다 서대구대동병원으로
천길만길 낭떠러지 끝에 선 나를
간호과장님의 진심 어린 칭찬과 격려에
은하강 저 건너편에서
삶이 끝나는 날까지 문학의 끈을 놓지 않으리

문학세계대표작가선 1037

능수매화 연정

이명은 제2시집

인쇄 1판 1쇄   2024년 12월 30일
발행 1판 1쇄   2025년 1월 6일

지 은 이 : 이명은
펴 낸 이 : 김천우
펴 낸 곳 : **문학세계** 출판부 / 도서출판 **천우**
등   록 : 1992. 2. 15. 제1-1307호
주   소 : 서울시 광진구 구의강변로 85 강우빌딩 7F
전   화 : 02)2298-7661
팩   스 : 02)2298-7665
http://cafe.naver.com/chunwu777
E-mail : cw7661@naver.com

ⓒ 이명은, 2024.

값 15,000원

＊도서출판 천우와 저자의 서면 동의 없는 무단 전재 및 복제를 금합니다.
＊저자와의 협의에 따라 인지는 생략합니다.

ISBN 978-89-7954-946-1